AF496842

LA

QUESTION DU CHANTOUNG

LA QUESTION

DU

CHANTOUNG

PAR

S. AKIDZUKI

ANCIEN AMBASSADEUR DU JAPON

PARIS

LIBRAIRIE PLON

PLON-NOURRIT et Cⁱᵉ, IMPRIMEURS-ÉDITEURS

8, RUE GARANCIÈRE — 6ᵉ

LA QUESTION

DU

CHAN-TOUNG

La question dite de Kiao-tchéou et du Chan-toung,
à propos de laquelle le gouvernement chinois a jusqu'à présent suspendu son adhésion au traité de
Versailles du 28 juin 1919, paraît présenter encore,
malgré les déclarations nombreuses dont elle a été
l'objet, des obscurités, des malentendus qu'il y a le
plus évident intérêt à dissiper, d'abord par le souci
de la vérité et aussi en vue du parfait maintien
de l'entente entre les Alliés.

I

Il est, en premier lieu, nécessaire de bien établir
que jamais, à aucune période ou date de la guerre et
des négociations de paix, il n'y a eu d'équivoque
ou de doute sur l'absolue résolution du Japon de
rétrocéder et restituer à la Chine les territoires de
Kiao-tchéou et de la zone annexe cédés à bail à

l'Allemagne par la convention sino-allemande du
6 mars 1898.

Dès la date du 15 août 1914, dans l'ultimatum
adressé à l'Allemagne par le Japon, si l'Allemagne
était invitée à remettre aux autorités japonaises,
avant le 15 septembre de la même année, sans conditions ni compensations, la totalité des territoires
cédés à bail dans le Chan-toung, c'était en vue de
la restitution éventuelle de ces territoires à la Chine.

Lorsque ces territoires eurent été reconquis et
récupérés par le Japon assisté de l'Angleterre, dans
les négociations qui s'ouvrirent à Pékin, au mois de
janvier 1915, entre les gouvernements chinois et
japonais, et dans le traité qui fut signé entre eux
le 25 mai suivant, la stipulation principale proposée,
puis agréée entre les deux Gouvernements, fut que
« le gouvernement chinois consentait à donner son
entier assentiment à tout ce dont le gouvernement
japonais pourrait ultérieurement convenir avec le
gouvernement allemand concernant la disposition
de tous les droits, intérêts et concessions que l'Allemagne, en vertu des traités, ou autrement, possédait
relativement à la province du Chan-toung ». Mais,
en même temps, par une note adressée à la même
date au ministre des Affaires étrangères de la République chinoise, et dont celui-ci prenait acte, le

ministre du Japon à Pékin déclarait que : « quand, après la fin de la guerre, le territoire de Kiao-tchéou cédé à bail aurait été laissé complètement à la libre disposition du Japon, le gouvernement japonais restituerait ledit territoire à la Chine aux conditions agréés entre les deux gouvernements. »

Aucune modification ou altération n'a jamais été apportée à ces conventions et arrangements qui, loin de constituer des traités secrets, ont été aussitôt publiés à Tokyo comme à Pékin, et que le gouvernement japonais a, pour sa part, communiqués sans délai aux Puissances alliées et associées.

Lorsqu'à la Conférence de Paris la question de Kiao-tchéou et du Chan-toung vint devant le Conseil suprême, c'est en parfaite conformité avec les termes de l'ultimatum du 15 août 1914 et des arrangements du 25 mai 1915 que furent, après un examen attentif, arrêtés et rédigés les articles 156, 157, 158 du traité du 28 juin 1919 concernant le territoire de Kiao-tchéou et les droits, privilèges, concessions qui y avaient été accordés à l'Allemagne. Ainsi qu'il avait été convenu et agréé dans les arrangements du 25 mai 1915 entre les gouvernements chinois et japonais, c'est au Japon qu'il appartenait de régler ou faire régler tout ce qui concernait la disposition du territoire de Kiao-tchéou et des droits, privilèges, concessions dont l'Allemagne y avait joui. C'est donc en faveur du Japon que, par l'article 156 du traité, l'Allemagne renonçait aux droits, titres et privilèges acquis par elle en vertu de la convention du 6 mars 1918. La Délégation japonaise ne manquait pas, d'ailleurs, de renouveler au Conseil suprême les déclarations faites invariablement par le gouvernement impérial sur la ferme résolution du Japon de rétrocéder et restituer à la Chine le territoire jadis cédé à bail à l'Allemagne et reconquis par la valeur et les sacrifices de l'armée et de la marine japonaises, assistées de forces britanniques.

Les déclarations faites au Conseil suprême, ainsi qu'à toutes les Puissances alliées et associées, étaient en même temps, soit à Paris, soit à Tokyo et dans d'autres capitales des Puissances alliées et associées, portées à la connaissance de l'opinion et de la presse universelles tant par le gouvernement japonais que par ses représentants et agents dans le monde entier.

II

Le gouvernement chinois qui, pendant la guerre et jusqu'à la veille de la Conférence de la Paix, n'avait, malgré certaine agitation entretenue dans la presse de Pékin, de Shanghai et de Canton, ainsi que dans les milieux sudistes, manifesté aucune contradiction ou opposition contre l'attitude du gouvernement japonais, qui, pas plus tard que la fin de l'année 1918, avait exprimé au contraire, comme on le sait, par la bouche d'une personnalité très compétente, son désir d'une coopération amicale et d'une aide mutuelle à Paris entre les deux États de l'Asie orientale, commença, dès les mois de février et mars 1919, à modifier ses dispositions premières et à préparer une campagne destinée à la revendication de ce qu'il considérait comme le maintien de son intégrité, de son indépendance et de ses droits.

Par une série de mémoires qui furent soumis à la Conférence, par des brochures et des articles de presse, la Délégation chinoise s'efforçait de représenter les accords sino-japonais du 25 mai 1915 comme arrachés par intimidation et menace au gouvernement de Pékin. Elle ajoutait que, depuis les dates de mars et d'août 1917 où la Chine avait rompu avec l'Allemagne, puis déclaré son état de guerre avec les Puissances centrales, la convention sino-allemande du 6 mars 1898, de même que tous les arrangements conclus avec les Puissances ennemies, était devenue caduque, et que, par conséquent, le

territoire de Kiao-tchéou, avec tous les droits, privilèges et concessions y attachés, devait lui être
retourné, non par l'entremise du Japon et au prix
de conditions qu'elle répudiait, mais directement,
sans compensation et contre-partie, comme une restitution faite à sa libre souveraineté et par reconnais-
sance du principe de la libre disposition des peuples.
La délégation chinoise, poussant plus loin encore
ses revendications, en venait, par un mémoire daté
d'avril 1919, à apporter en bloc devant la Conférence tous ses griefs, non seulement contre le Japon,
mais contre d'autres Puissances alliées ou associées,
et à réclamer, comme imposée par les principes de
l'Entente, la renonciation à toutes les servitudes
dont le droit international grevait encore l'indépendance de la Chine, à savoir :

1° Les sphères d'influence ou d'intérêt;

2° Les troupes et forces de police étrangères éta-
blies tant dans la capitale que dans les provinces;

3° Les bureaux de poste étrangers et les stations
télégraphiques et radio-télégraphiques étrangères;

4° La juridiction consulaire;

5° Les territoires cédés à bail;

6° Les concessions municipales étrangères.

7° Le caractère unilatéral des tarifs douaniers.

Sans relever et examiner ici cette liste de griefs,

que la Conférence ne jugea pas à propos d'admettre,
et dont le redressement, s'il avait été consenti, eût
été toute une révolution dans les rapports réguliers
et conventionnels de la Chine avec l'ensemble des
Puissances, il suffira de considérer et d'apprécier les
arguments mis en avant par la Délégation chinoise
en vue de faire abroger par la Conférence les accords
sino-japonais du 25 mai 1915 et d'obtenir la restitution directe à la Chine des territoires du Chan-toung.

III

L'argument capital invoqué par le gouvernement
chinois pour la restitution directe à la Chine des territoires du Chan-toung et des droits, privilèges et
concessions y attachés est que, par la déclaration de
l'état de guerre entre la Chine et l'Allemagne à partir
du 14 août 1917, tous les traités ou conventions entre
les deux gouvernements sont devenus caducs, que la
convention sino-allemande du 6 mars 1898 relative
au territoire de Kiao-tchéou est abolie et nulle et que,
par conséquent, ledit territoire fait automatiquement
retour à la Chine.

Le gouvernement chinois semble oublier qu'à la

date du 14 août 1917, le « status » territorial de Kiao-
tchéou et de la zone avoisinante était réglé, non plus
par la convention sino-allemande du 6 mars 1898,
mais par les accords sino-japonais du 25 mai 1915,
implicitement confirmés un an après l'entrée en
guerre de la Chine par l'échange de lettres entre les
autorités des deux États et dont on trouvera plus
loin les détails. La Chine avait, par ces accords,
donné son assentiment à tout ce dont le gouvernement japonais pourrait ultérieurement convenir avec
le gouvernement allemand concernant la disposition
de tous les droits, intérêts et concessions que l'Allemagne, en vertu des traités ou autrement, possédait
dans la province du Chan-toung. Si les effets de la
convention sino-allemande du 6 mars 1898 étaient
abolis, ceux de la convention sino-japonaise du
25 mai 1915 restaient, au contraire, en pleine
vigueur, et cela d'autant plus que, par l'entrée en
guerre contre l'Allemagne, la Chine se trouvait
désormais l'alliée du Japon, comme de toutes les
Puissances alliées et associées. C'est le Japon qui
avait, par l'expédition de l'automne de 1914, reconquis les territoires autrefois cédés à bail à l'Allemagne. C'est lui qui, par cet acte de libération, avait
éliminé du champ de l'Extrême-Orient et des mers
lointaines le péril de l'agression germanique. C'est

lui qui, en vertu des droits acquis par les accords
sino-japonais du 25 mai 1915, et par les forces militaires et navales dont il disposait, demeurait en état
de repousser ou d'écarter au besoin d'autres périls
ou menaces et de défendre contre l'ennemi la sécurité de l'Asie orientale et du Pacifique, au grand
bénéfice et au profit de la Chine elle-même et de tous
les Alliés.

Si l'on se reporte, par la pensée, à l'ensemble des
événements qui ont précédé et suivi la déclaration de
guerre de 1914, il n'est pas douteux, d'une part, que
c'est l'entreprise violente de l'Allemagne contre Kiao-
tchéou dans l'automne de 1897 et la concession faite
de ce territoire à l'Allemagne par la convention sino-
allemande du 6 mars 1898 qui a créé le péril allemand
en Extrême-Orient et causé la plupart des troubles
dont l'Asie orientale a été le théâtre insurrection
des Boxeurs en 1899-1900, guerre russo-japonaise
en 1904-1905, guerre mondiale de 1914). Il n'est
pas contestable, d'autre part, que c'est le Japon qui,
par la vigueur de son action contre la forteresse allemande de Kiao-tchéou et par la police qu'il exerça
sur tout le bassin du Pacifique, préserva l'Asie orientale de la contagion de la guerre, maintint le *statu
quo* territorial, la liberté des mers et de commerce,
la communication entre l'Asie, l'Amérique et l'Eu-

rope et la seule jonction qui restât encore possible
entre la Russie et les Alliés. C'est le Japon enfin qui,
lorsqu'après la révolution russe le front de l'est s'af-
faissa et qu'une brèche dangereuse fut ouverte à l'Allemagne et à ses complices, prit avec les Alliés les
mesures les plus propices à prévenir ou refouler
l'invasion redoutée. Le Japon, en se concertant avec
les Alliés de l'ouest (États-Unis, France, Angleterre,
Italie), négocia et conclut avec la Chine deux conventions, l'une militaire, l'autre navale, pour assurer
la protection de la Mandchourie, de la Mongolie et
de la Sibérie. C'est lui qui, dès les débuts de 1917,
ainsi que l'attestent les discours prononcés au Parlement japonais par le maréchal comte Teraoutsi et
par le vicomte Motono, insista le plus activement
auprès du gouvernement chinois pour l'exhorter à
suivre les conseils et l'appel du président Wilson et à
prendre rang parmi les Alliés. La Chine alors ne pouvait révoquer en doute les dispositions et les intentions du gouvernement japonais : elle se rendait
compte du concours qu'après la mort du président
Yuan che Kai et les dissentiments survenus entre le
nord et le sud de la république, elle avait trouvé
dans le cabinet de Tokyo.

Une preuve, entre autres, de l'attitude qui fut à ce
moment celle de la Chine et de la justice qu'elle ren-

dait à la politique japonaise, ce fut, après la conclusion au mois de mai 1918 des conventions militaire
et navale ci-dessus mentionnées, l'échange de lettres
du mois de septembre 1918 entre les gouvernements
chinois et japonais concernant les chemins de fer à
construire, non seulement dans la province du Chan-
toung, mais encore en Mandchourie et en Mongolie.
Par lettres échangées le 24 septembre 1918 entre le
baron Goto, ministre des Affaires étrangères du
gouvernement japonais, et le ministre de Chine à
Tokyo, le baron Goto, d'une part, proposait au
ministre de Chine une série de mesures destinées à
étendre et accroître les pouvoirs des autorités chinoises sur la police et l'exploitation du chemin de fer
du Chan-toung entre Tsing-tao et Tsinan-fou. Le
ministre de Chine demandait, d'autre part, au gouvernement japonais d'autoriser le prêt à la Chine par
des capitalistes japonais des sommes nécessaires
pour la construction de chemins de fer, les uns dans
la province du Chan-toung entre Tsinan-fou et
Choun-teh, Kaomi et Sou-tchéou, les autres dans
les provinces de la Mandchourie et de la Mongolie
méridionale. Le gouvernement chinois avait aussitôt
agréé les mesures relatives à la police et à l'exploitation des lignes du Chan-toung. Le gouvernement
japonais avait, d'autre part, accordé sans délai la

demande d'argent faite par la Chine : une première
somme de 20 millions de yen était, à cet effet, avancée
au gouvernement chinois. Cette double transaction
établit, d'un côté, quelle était la nature amicale et
confiante des relations entre les deux gouvernements. Elle démontre, en outre, que, loin de protester à cette date contre les accords du 25 mai 1915
et d'en réclamer l'abrogation, le gouvernement chinois, bien qu'entré en guerre depuis plus d'une année
contre l'Allemagne, s'appuyait au contraire sur les-
dits accords de 1915 pour améliorer sa situation au
Chan-toung et pour obtenir du gouvernement japonais des facilités et concessions complémentaires.
Ainsi que le fait justement remarquer le *Bulletin de
l'Asie française* de février-juillet 1919 (p. 196), « ces
tractations, qui n'étaient guère en somme que des
corollaires de celles de 1915, n'indiquaient pas que
la Chine pensat alors que celles-ci fussent caduques ».
L'échange de lettres du 24 septembre 1918 détruit
toute la these édifiée par la Délégation chinoise sur
la prétendue caducité des accords de 1915 et la pos-
sibilité de leur abrogation. Il convient d'ajouter que
c'est spontanément et par une initiative d'entière
libéralité, que le gouvernement japonais, modifiant
de lui-même les accords de 1915 et le régime anté-
rieur des chemins de fer du Chan-toung, donnait à la

Chine sur ce réseau une autorité et des pouvoirs sin-
gulièrement plus étendus qu'ils ne l'avaient été
jusque-là. Le gouvernement chinois s'est, au contraire, par l'échange de lettres du 24 septembre 1918,
interdit de contester la validité des accords de 1915.
La déclaration de guerre à l'Allemagne, à la date du
14 août 1917, n'avait pu, d'ailleurs, ni détruire le
fait que les Allemands avaient été chassés de Tsing-
tao par les armées japonaises trois ans avant cette
déclaration, ni détruire les engagements pris par la
Chine envers le Japon en raison d'une situation à
laquelle la déclaration de guerre ne changeait rien.
Si la déclaration de guerre du 14 août 1917 eut dû
produire de tels effets, elle n'aurait atteint en réalité
que le Japon. Le résultat serait que de l'expédition
du Japon contre la forteresse allemande de Kiao-
tchéou dans l'automne de 1914, le Japon aurait eu,
avec l'Angleterre, tous les sacrifices d'hommes et
d'argent, la Chine, sans perdre un homme ni un tael,
tous les bénéfices. Il paraît difficile de pouvoir, soit
en droit, soit en équité, soutenir et justifier une
pareille conclusion.

IV

Aucun des actes du gouvernement japonais dans ses relations avec la Chine, depuis le 2 août 1914 jusqu'à la signature du traité de Versailles du 28 juin 1919, n'a eu de caractère secret. Les différents accords passés, tant avec la Chine qu'avec les Puissances alliées et associées, ont été portés à la connaissance non seulement des gouvernements, mais de l'opinion publique et de la presse, sauf ceux qui, pour des considérations militaires, tels que les conventions militaire et navale avec la Chine des 16 et 19 mai 1918, pouvaient risquer d'être divulgués à l'ennemi.

Les négociations et le texte même des accords du 25 mai 1915 entre le Japon et la Chine ont fait, dès leur conclusion, l'objet d'une publication officielle tant à Tokyo qu'à Pékin, et ont été simultanément communiqués à tous les gouvernements alliés et associés. La sanction définitive de ces accords ne pouvait naturellement, comme le gouvernement japonais l'avait lui-même spécifié par l'article 1er du traité du 25 mai 1915 relatif au Chan-toung et par les Notes échangées à la même date entre les deux gouvernements, être réalisée qu'après la fin de la guerre et lors du règlement de la paix générale. Le gouvernement japonais devait, en attendant, par mesure de sécurité, et dans l'intérêt commun des Alliés, continuer à occuper et protéger les territoires de Kiao-tchéou reconquis sur l'Allemagne.

Lorsque les diverses Puissances, après l'armistice du 11 novembre 1918, se préparaient à assister à la Conférence de la Paix, le gouvernement japonais qui, déjà, au printemps de 1917, s'était mis en rapport avec les gouvernements français, anglais, russe et italien sur les clauses de la future paix intéressant l'Extrême-Orient, renouvela hautement les déclarations qu'il avait faites et les engagements qu'il avait pris concernant la restitution à la Chine du territoire de Kiao-tchéou. Le langage tenu à cet égard au parlement japonais par le maréchal comte Teraoutsi et par le vicomte Motono fut la confirmation éclatante des intentions et résolutions du gouvernement impérial. Les représentants du gouvernement japonais, dans leurs discours entièrement conformes à l'esprit et à la lettre des accords du 25 mai 1915, exposaient, en même temps que leurs vues sur la restitution du territoire de Kiao-tchéou, les arrangements conclus avec la Chine concernant la coopération économique des deux pays dans la région reconquise sur l'Allemagne. De leur côté, les autorités chinoises, comme on l'a rappelé plus haut, se déclaraient prêtes à coopérer avec le Japon dans les conférences de Paris, à l'œuvre de la paix, d'une manière qui ne pouvait laisser place à aucun doute.

Lorsque, de février à avril 1919, les questions d'Extrême-Orient, et notamment la question du Chan-toung, vinrent à être soumises à l'examen des membres de la Conférence et du Conseil suprême, le gouvernement japonais, en réponse aux Mémoires présentés par la Délégation chinoise et à la campagne d'opinion et de presse ouverte par les agents de la Chine, se borna à rappeler les faits, à produire les documents, à réitérer les déclarations qu'il n'avait cessé de faire sur son absolue et constante résolution de remettre le territoire de Kiao-tchéou à la Chine, dès que le traité de paix lui en aurait laissé la libre disposition.

Que la libre disposition de ce territoire pût être à un autre gouvernement qu'à celui qui l'avait, par la force de ses armes, reconquis sur l'Allemagne et qui, pendant toute la guerre, l'avait défendu et protégé contre toute menace de l'ennemi, les accords mêmes passés le 25 mai 1915 entre les gouvernements chinois et japonais et agréés de 1915 à 1917 par les

principaux gouvernements alliés, ne permettaient
pas de le penser. C'est donc en ce sens que se pro-
nonçaient le Conseil suprême et la Conférence
et que furent rédigés les articles 156 à 158 du
traité.

Dès la remise du traité aux délégués allemands à
la date du 7 mai 1919, la Délégation japonaise à
Paris et les membres du gouvernement japonais à
Tokyo renouvelèrent une fois de plus la déclaration
si souvent faite sur la restitution de Kiao-tchéou à la
Chine et sur les conditions dans lesquelles le Japon
était prêt à régler avec le gouvernement chinois les
détails de cette restitution.

Malgré ces déclarations si péremptoires, les délégués chinois ne crurent pas pouvoir, le 28 juin 1919,
apposer leur signature au traité de Versailles. La
presse d'Europe et des États-Unis s'étant livrée à ce
sujet à des commentaires contradictoires, et certaine
agitation s'étant manifestée dans les parlements des
pays alliés et associés, le gouvernement japonais ne
se refusa pas, sur le désir qui lui en fut exprimé, à
répéter avec plus de force encore ses déclarations
antérieures, dont le sens et les termes ne laissaient
place cependant à aucune équivoque. Le vicomte
Uchida, ministre des Affaires étrangères, saisit
même spontanément cette occasion d'annoncer l'in-

tention du gouvernement japonais de retirer com-
plétement, aussitôt après accord définitif avec la
Chine, les troupes qui gardent le territoire de Kiao-
tchéou et la ligne de chemin de fer de Kiao-tchéou à
Tsinan-fou. Il ajouta que cette ligne de Kiao-tchéou
à Tsinan serait exploitée comme une entreprise
mixte sino-japonaise, sans aucune distinction ni dif-
férence de traitement entre les nationaux des deux
pays. Il fit connaître enfin que le gouvernement
japonais avait mis à l'étude un projet consistant à
substituer l'établissement dans le port de Tsing-tao
d'une concession générale internationale à la concession exclusivement japonaise que lui avaient accordée
les arrangements du 25 mai 1915.

V

La Délégation chinoise a, dans le mémoire soumis
en février à la Conférence, articulé contre l'expédition des forces japonaises dans le territoire du
Chan-toung de septembre à novembre 1914 une série
de griefs que la Délégation japonaise a eu le devoir
d'élucider et d'écarter.

La Délégation japonaise a établi que toutes les

mesures prises lors de cette expédition (débarquement au port de Long-kéou, sur la côte septentrionale du Chan-toung, occupation de la ligne du chemin de fer de Tsing-tao à Tsinan-fou, saisie et administration de la douane de Tsing-tao) ont été des mesures imposées par l'état de guerre et visant, non pas la Chine qui avait fait acte de neutralité, mais l'Allemagne. Le gouvernement chinois avait, d'ailleurs, en plusieurs circonstances, notamment lors du débarquement des troupes japonaises à Long-kéou, avisé la Légation du Japon à Pékin que, s'il était amené à protester contre ce débarquement, comme contraire à la neutralité de la Chine, ce serait uniquement pour dégager sa responsabilité vis-à-vis de l'Allemagne, mais que, pour éviter tout risque de collision entre les troupes chinoises et les troupes japonaises, il avait déjà ordonné à ses propres troupes de se retirer des garnisons qu'elles occupaient près du point de débarquement. La Chine n'était donc pas fondée à invoquer plus tard des griefs dont elle avait elle-même dès l'origine fait justice.

Le Japon a, du reste, conscience d'avoir, dans toute cette campagne de l'automne de 1914, non seulement observé avec scrupule toutes les lois de la guerre, mais d'avoir attentivement respecté les droits

de la Chine, à qui cette campagne avait précisément
pour objet de restituer les territoires jadis cédés à
bail à l'Allemagne.

Quant aux arrangements intervenus le 25 mai 1915
entre le Japon et la Chine, c'est précisément parce
que la Chine, s'étant déclarée neutre, était restée
étrangère à l'état de guerre entre le Japon et l'Allemagne, qu'elle n'avait d'autre moyen de faire valoir
ses droits qu'en négociant avec le Japon, lequel
était détenteur en fait de Kiao-tchéou après sa vic-
toire sur les forces allemandes. La Chine ne pouvait
raisonnablement prétendre à la restitution d'un territoire qu'elle n'avait rien fait pour libérer de la
domination germanique qu'après s'être entendue sur
ce point avec le Gouvernement de Tokyo.

Pour ce qui est du Japon, il se croit fondé à
estimer que les sacrifices qu'il a faits pour chasser
les Allemands du Chan-toung justifient les concessions purement économiques que la Chine lui a déjà
consenties en principe, en échange de la restitution
du territoire reconquis par les forces japonaises,
d'autant plus que ces concessions économiques ne se
distinguent pas de celles que d'autres nations, sans
avoir fait de sacrifices comparables à ceux du Japon,
ont successivement obtenues de la Chine par une série
de conventions et d'accords inspirés du principe de

la porte ouverte et du traitement égal des diverses Puissances en matière de commerce et d'industrie.

Ainsi que le baron Makino à Paris et le vicomte Uchida à Tokyo l'ont déclaré avant et après la signature de la paix de Versailles, le Japon, par les concessions obtenues dans la province du Chan-toung, n'a recherché et ne recherche rien d'autre que la coopération et la collaboration avec la Chine elle-même. « Sûrement, a dit le baron Makino, ce n'est pas pour le Japon prendre avantage sur la Chine que d'obtenir, sur la même base que d'autres nations, d'égales facilités et opportunités d'expansion et de développement économiques. La Chine a les matières premières. Nous demandons la faculté d'acquérir ces matières premières et nous avons les capitaux nécessaires pour les transformer à notre usage comme à celui de la Chine. Nous sommes accusés d'aspirations et d'ambitions exactement contraires au but de coopération et de loyale collaboration qui est le nôtre. Nous savons le grand changement qui a pris place parmi les nations dans leurs rapports les unes avec les autres. Les jours de l'expédition des Argonautes sont passés, et les règles de la Ligue des Nations ne sauraient permettre d'agression ni d'exploitation égoïste. Ni au Chan-toung, ni en Mandchourie, ni ailleurs, le Japon ne recherche d'avan-

tages illégitimes : il ne demande que la porte ouverte
et la coopération pacifique entre les deux nations de
'Asie orientale, comme entre les autres nations du
globe. »

VI

Telle est la situation en ce qui concerne la question du Chan-toung et l'attitude du Japon, qui, on
l'a vu, n'a pas varié depuis le premier jour.

Le Japon, qui vient de ratifier le traité, est prêt à
confirmer, sans plus attendre, les accords que, dès le
premier jour de la guerre, il avait conçus et prévus.
Si la Chine, revenant à l'attitude qu'elle n'a cessé
d'observer jusqu'à la fin de l'année dernière, est dis-
posée à causer avec le Japon, tout porte à croire
que les deux nations d'Extrême-Orient ne tombent
vite d'accord sur le règlement définitif de la question, sur le fond de laquelle il n'y a pas de dissen-
timent. Il n'y a nulle contestation sur la souveraineté et sur l'attribution du territoire de Kiao-
tchéou, que le Japon n'a reconquis sur l'Allemagne
que pour le restituer à la Chine, après avoir éliminé
du continent asiatique le danger menaçant la liberté

et la paix de l'Extrême-Orient. Il ne saurait donc y
avoir, non seulement pour les deux États en cause,
mais pour tous les Alliés, qu'avantage à ne pas
retarder la mise en application d'un traité qui, en
assurant à la Chine et au Japon de si appréciables
bénéfices, étend à la lointaine Asie la sécurité et la
garantie que constitue le pacte de la Ligue des
Nations.

La saisie de Kiao-tchéou par l'escadre allemande à
la date du 14 novembre 1897 avait été l'un des premiers actes de la politique inaugurée par Guillaume II
pour la fondation d'un grand empire colonial et
mondial et l'origine de tous les troubles et conflits
qui, pendant près de vingt années, rendirent instable
et précaire la condition de l'Extrême-Orient. Le
retour de Kiao-tchéou à la Chine, annoncé par le
Japon dès les premiers jours de la guerre de 1914
dans son ultimatum du 15 août à l'empire allemand,
et accompli par lui comme l'une des sanctions de la
paix de 1919, sera, en même temps que la réparation
de l'attentat de 1897, le premier effet de l'ère nou-
velle ouverte par le Traité de Versailles en Asie
comme en Europe, et l'augure de l'union durable
entre les nations groupées pour la défense du droit,
de la justice et de la liberté. Le Japon a, en tout cas,
fait tout ce qui était en son pouvoir pour s'acquitter

de tous ses engagements et pour faciliter les solutions
désirables. Il demeure aujourd'hui, tel qu'il a été
pendant toute la durée de la guerre et pendant les
négociations de la paix, sincèrement résolu à remplir
tous ses devoirs d'allié et à pratiquer vis-à-vis de la
république chinoise, libérée de l'hypothèque allemande qui pesait sur elle, la politique de bon voi-
sinage, de loyale coopération et d'amitié dont il s'est
toujours inspiré.

FIN

PARIS

TYPOGRAPHIE PLON-NOURRIT ET Cie

Rue Garancière, 8

PARIS

TYPOGRAPHIE PLON-NOURRIT et Cie

RUE GARANCIÈRE, 8